BEI GRIN MACHT SICH IHR WISSEN BEZAHLT

AF153392

- Wir veröffentlichen Ihre Hausarbeit, Bachelor- und Masterarbeit

- Ihr eigenes eBook und Buch - weltweit in allen wichtigen Shops

- Verdienen Sie an jedem Verkauf

Jetzt bei www.GRIN.com hochladen und kostenlos publizieren

Selbstmanagement und Zeitmanagement Methoden. ALPEN-Methode, das Eisenhower-Prinzip und die SMART-Methode

GRIN ☺

Bibliografische Information der Deutschen Nationalbibliothek:

Die Deutsche Nationalbibliothek verzeichnet diese Publikation in der
Deutschen Nationalbibliografie; detaillierte bibliografische Daten sind
im Internet über http://dnb.d-nb.de abrufbar.

ISBN: 9783346472106
Dieses Buch ist auch als E-Book erhältlich.

© GRIN Publishing GmbH
Nymphenburger Straße 86
80636 München

Druck und Bindung: Books on Demand GmbH, Norderstedt Germany
Gedruckt auf säurefreiem Papier aus verantwortungsvollen Quellen

Das Buch bei GRIN: https://www.grin.com/document/1059674

Einsendeaufgabe

Alternative C

abgegeben am 13.06.2021

SRH Fernhochschule

Modul: Selbstmanagement

Studiengang: Gesundheitsmanagement

Studiengang: Gesundheitsmanagement

Gender-Hinweis

Aus Gründen der besseren Lesbarkeit wird auf die gleichzeitige Verwendung der Sprachformen männlich, weiblich und divers verzichtet.

Sämtliche Personenbezeichnungen gelten gleichermaßen für alle Geschlechter.

Inhalt

Abkürzungsverzeichnis

bspw...beispielsweise

bzw..beziehungsweise

d.h...das heißt

ggfs...gegebenenfalls

lt...laut

z.B..zum Beispiel

Abbildungsverzeichnis

1. Aufgabe

1.1 SMART-Methode

Die SMART-Methode unterstützt bei der Bestimmung und Formulierung von ergebnisorientierten Zielen. (Graf, 2019, S. 201)

Sie stellt eine Regel dar, nach welchen Kriterien Ziele formuliert werden sollen. Dabei handelt es sich bei dem Wort SMART um ein Akronym, das für die nachfolgenden Kriterien der Zieldefinition steht: (Dzifa, 2018, S. 1)

> ➢ Spezifisch: Das Ziel sollte eindeutig und klar sowie nach Möglichkeit so formuliert werden, dass das Erreichen des Ziels ausschließlich von einem selbst abhängig ist.

> ➢ Messbar: Zeitliche Angaben als Etappenschritte bei der Zielformulierung sind wichtig für die Erfolgskontrolle, um zu erkennen, ob das Ziel erreicht wurde.

> ➢ Attraktiv: Ziele sind attraktiver, wenn es sich lohnt etwas dafür zu tun. Positiv formulierte Ziele steigern außerdem die Motivation.

> ➢ Realistisch: Zielformulierungen sollten realistisch sein, d.h. die sollten zum einen eine Herausforderung darstellen, zum anderen dennoch erreichbar bleiben.

> ➢ Terminiert: Ein fixer Termin hilft dabei Aufgaben zeitlich bindend zu planen.

(Becker, 2018, S. 116; Dzifa, 2018, S. 1)

1.2 ALPEN-Methode

Die ALPEN-Methode nach Lothar J. Seiwert ist eine Methode des Zeitmanagements, welche nur wenige Minuten pro Tag in Anspruch nimmt und dabei hilft den eigenen Tagesablauf effektiv zu planen. Es wird eine schriftlich festgehaltene To-do-Liste erstellt, um sich einen Überblick der Aufgaben zu verschaffen und den Ablauf des folgenden Tages zu organisieren. (McKeever, S. 170; Rusch, 2019, S. 118–119)

ALPEN ist eine Abkürzung und steht für:

A – Aufgaben, Termine und Aktivitäten aufschrieben als eine Art To-do-Liste, um sich einen Überblick zu verschaffen.

L – Länge, d.h. die Dauer der einzelnen Aufgaben wird geschätzt, die zur Erledigung benötigt wird.

P – Pufferzeiten für Unvorhergesehenes und Unterbrechungen von mindestens 40-50% einplanen.

E – Entscheidungen über Prioritäten treffen und ggfs. delegieren und kürzen der Aufgaben.

N – Nachkontrolle, ob der Tagesplan eingehalten werden konnte und wo es noch Verbesserungsmöglichkeiten in der Planung gibt. Unerledigtes auf den nächsten Tag übertragen.

(Arenberg, 2018a, S. 96–97; *Handbuch Angewandte Psychologie für Führungskräfte*, 2018, S. 202–203)

1.3 Eisenhower-Prinzip oder A-B-C-D-Analyse

Das Eisenhower-Prinzip gehört zu den Klassikern des Zeitmanagements und wurde nach dem früheren US-Präsidenten Dwight David Eisenhower benannt. (Fieger & Fieger, 2018, S. 220)

Es erleichtert die sinnvolle Prioritätensetzung der Aufgaben vorzunehmen, damit der Fokus auf das Wesentliche gesetzt wird. (Baus, 2015, S. 49–50)

Nach dem Eisenhower-Prinzip werden die Aufgaben in vier Quadranten kategorisiert, wobei die Aufteilung der Quadranten anhand von zwei Parametern erfolgt:

> **Wichtigkeit** der Aufgabe: Dient die Aufgabe der Zielerreichung, so gilt die Aufgabe als wichtig. (vertikale Achse)

> **Dringlichkeit** der Aufgabe: Steht ein fixer Termin für die Erledigung einer Aufgabe fest, so ist diese Aufgabe dringlich. (horizontale Achse) (Fieger & Fieger, 2018, S. 221)

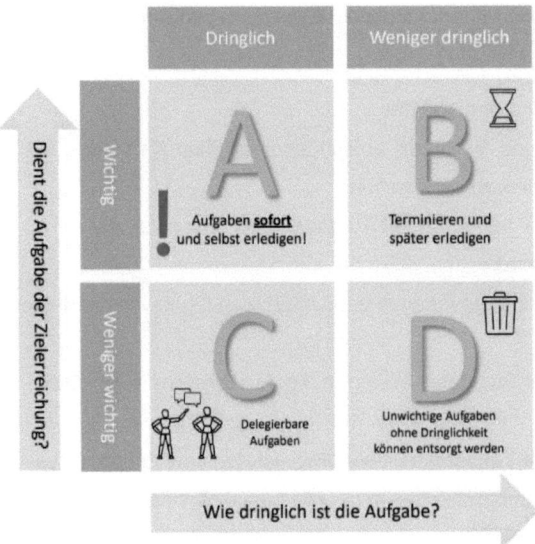

Abbildung 1: Eisenhower-Prinzip oder ABCD-Analyse (eigene Darstellung)

A-Priorität: „Feuerwehr-Aufgaben" (Fuhrmann, 2018, S. 106)
Dies sind Aufgaben von höchster Priorität, welche sowohl wichtig als auch dringlich sind und sofort und von der Person selbst erledigt werden sollten, da sie zur Erreichung der gefassten Ziele am meisten beitragen und ein fixer Termin für die Erledigung feststeht, die Aufgaben daher unaufschiebbar sind.

B-Priorität: wichtige terminierbare Aufgaben
Aufgaben mit einer hohen Wichtigkeit, die jedoch weniger dringlich sind und somit später erledigt werden können. Diese Aufgaben sind zu terminieren, da die Gefahr besteht, dass diese Aufgaben zu dringlichen Aufgaben werden können.

C-Priorität: delegierbare Aufgaben
Aufgaben dieser Kategorie sind zwar wichtig, aber weniger dringlich, sodass sie später oder von anderen Personen erledigt werden sollten.

D-Priorität: unwichtige „Papierkorb" Aufgaben ohne Dringlichkeit

„Papierkorb-Aufgaben" zeichnen sich dadurch aus, dass sie weder wichtig noch dringlich sind. Aufgaben dieser Kategorie sind klassische Energiediebe, die nichts zur Erreichung der Ziele beitragen und daher weniger bis gar keiner Beachtung bedürfen.

(Fieger & Fieger, 2018, S. 221–222; Fuhrmann, 2018, S. 106–107)

1.4 Anwendung Methoden des Zeit- und Selbstmanagements während eines Fernstudiums

Zeit ist ein knappes Gut und deshalb stellt ein Studium neben Beruf, Familie und Freizeit eine extreme Mehrfachbelastung für einen Fernstudenten dar. Die Anwendung der Methoden des Zeit- und Selbstmanagements - Disziplin und eine gute Organisation des Fernstudenten vorausgesetzt - helfen das Studium erfolgreich zu bewältigen.

Steht der Fernstudent vor dem Problem, dass ihn die unterschiedlichen Anforderungen von Studium, Beruf und Freizeit bzw. Familie scheinbar überfordern, so sollte er zunächst einmal alle anfallenden Aufgaben und Termine zum Beispiel im Verlauf eines ganzen Semesters notieren.

Das verschafft ihm einen groben Überblick. Nachfolgend kategorisiert er die To-do-Liste schriftlich in vier Prioritätsstufen A-D, welche dem Studenten helfen, die Aufgaben nach Wichtigkeit und Dringlichkeit zu sortieren, um so seinen Fokus für die Abarbeitung der Aufgaben richtig zu lenken. Folgende Darstellung zeigt eine beispielhafte Priorisierung möglicher Aufgaben.

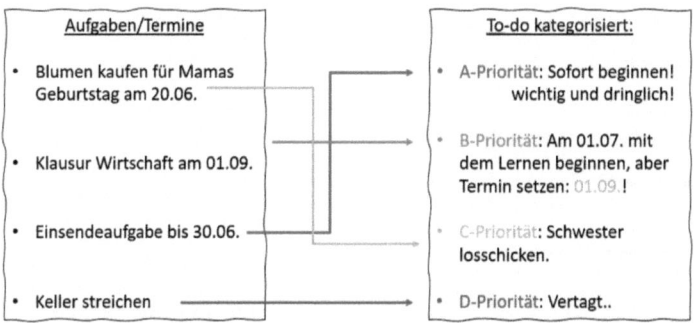

Abbildung 2: Unterteilung der Aufgaben nach Prioritäten (eigene Darstellung)

Dringliche und wichtige Aufgaben sind vom Studierenden selbst und möglichst sofort zu erledigen und entsprechen der Prioritätenkategorie A - der höchsten Prioritätsstufe. Wichtige Aufgaben, die noch etwas Zeit bis zur Erledigung haben, werden der Kategorie B zugewiesen, sollten jedoch terminiert werden, sodass sie weiter im Hinterkopf bleiben und in Angriff genommen werden, sobald die Aufgaben der Kategorie A erledigt sind. Dringliche Angelegenheiten, die nicht aufgeschoben werden können, der Student aber nicht selbst erledigen muss, kann er auf eine dritte Person übertragen (Priorität C). Aufgaben, die weder wichtig noch dringlich sind, kann er verwerfen, da sie Zeit rauben und nichts für die Erreichung seiner Ziele beitragen (Kategorie D). Diese Methode verschafft ihm mehr Zeit für das Wesentliche.

Zu jeder einzelnen Aufgabe schätzt der Student anschließend die ungefähre Dauer, die zur Erledigung erforderlich ist. Zum geschätzten Zeitaufwand plant er weitere Zeit ein, den Puffer, der etwa 40-50% der geplanten Zeit für die jeweilige Aufgabe umfasst.

Pufferzeiten sind wichtig für Unvorhergesehenes wie zum Beispiel der unangemeldete Besuch der Familie oder ungeplante Unterbrechungen wie Krankheit oder technische Probleme, welche zu Verzögerungen in der Bearbeitung führen.

Hilfreich ist außerdem die Formulierung sogenannter „smarter Ziele", die so konkret wie möglich, positiv und realistisch formuliert werden und parallel terminiert sind. Dies dient dem bewusst machen des eigentlichen Ziels und in welcher Zeitspanne er dies erreichen möchte.

„Ich möchte die Einsendeaufgabe hinter mich bringen." oder „Ich möchte die Einsendeaufgabe in fünf Tagen erledigen." sind zwar Zielformulierungen, entsprechen jedoch nicht den Regeln der SMART-Methode. Besser wäre: „Ich schließe die Einsendeaufgabe zwei Wochen vor dem eigentlichen Abgabetermin, spätestens also bis zum 15.06.2021, ab und werde diese mit der Mindestnote 2,0 bestehen."

Die gefassten Ziele sollten den Studenten zudem fordern aber nicht überfordern.

Unterstützend können einzelne Ziele in kleinere Etappenziele zerlegt werden. Diese werden schneller erreicht. Denkbar sind Etappenziele zum Beispiel bei Teilaufgaben einer Einsendeaufgabe. Jede erledigte Teilaufgabe stellt ein motivierendes Erfolgserlebnis für den Studenten dar und gibt ihm ein positives Gefühl.

Schriftlich fixiert hat der Student seine Ziele immer im Blick und kann regelmäßig überprüfen, ob er noch auf dem richtigen Weg ist. Schafft er eine Aufgabe nicht, kann er den Plan überarbeiten und die Aufgabe auf den Folgetag übertragen.

Ein fester Plan gibt dem Studenten eine gewisse Sicherheit und verdrängt „Aufschieberitis", wenn er sich von seinem Plan leiten lässt und konsequent daran hält. Es hilft ihm mental ausgeglichener zu sein und verschafft zeitlichen Raum für andere Aktivitäten und Aufgaben neben dem Studium.

2. Aufgabe

2.1 PowerPoint als Präsentationsmedium

Geschaffen wurde PowerPoint ursprünglich für den Gebrauch in privatwirtschaftlichen Firmen und für Verkaufssituationen. (Adams, 2008, S. 10) Mithilfe des Softwareprogramm war ursprünglich lediglich der Entwurf von Folien, welche im Verkauf eingesetzt wurden, geplant. Jedoch wurde es mit der Zeit erweitert genutzt, um die Folien im Rahmen audiovisuell unterstützter mündlicher Vorträge zu präsentieren. (Schnettler, Knoblauch & Pötzsch, 2007, S. 14) Heute gilt es mittlerweile als „Medium des Lehrens und Lernens" und ist in den unterschiedlichsten Bereichen nicht mehr wegzudenken. (Adams, 2008, S. 8)

Doch wie sieht es mit der Effektivität und Effizienz von PowerPoint aus? Inwieweit ist das Programm als Präsentationsmedium geeignet? Welche Faktoren spielen dabei eine Rolle? Diese Aspekte werden im Folgenden näher betrachtet.

2.1.1 Die Effektivität und Effizienz von PowerPoint

Unterschiedliche Studien, Befragungen und Untersuchungen kommen zu unterschiedlichsten Ergebnissen, was die Effektivität und Effizienz von PowerPoint als Präsentationsmedium betrifft.

Einerseits bevorzugen Studierende PowerPoint gegenüber anderen Präsentationsmedien. Häufig wurden hierbei Vorteile wie eine bessere Struktur des Vortrages und Erleichterung der Mitschrift, ein erhöhter Lernerfolg sowie interessentere Vorträge durch eine Präsentation mit PowerPoint genannt. (Schneider, 2015, S. 91) Laut Befragungen von Frey und Birnbaum im Jahr 2002 halten Studierende das Programm für ein nützliches Werkzeug und empfinden Lehrende, die mit PowerPoint arbeiten als "besser organisiert". Andererseits ergab eine spätere Befragung 2004 durch Young eine starke Unzufriedenheit bei Studierenden in Bezug auf den Umgang mit PowerPoint in den Lehrveranstaltungen. (Adams, 2008, S. 8) Wieder eine andere kleine Beispielstudie von Susskind (2005) mit 51 Studierenden kam zu dem Ergebnis, dass die Motivation bei Studenten in PowerPoint gestützten Vorlesungen ansteige, der objektive Lernerfolg jedoch maßgeblich von der Gestaltung der PowerPoint-Präsentation im Detail abhänge. (Schneider, 2015, S. 91–92)

Insgesamt sind die Ergebnisse der unterschiedlichen Studien und Befragungen jedoch so uneinheitlich und äußerst widersprüchlich, auch in Bezug auf die Kriterien der Effizienzbeurteilung, dass sie über keine Aussagekraft verfügen. Teilweise gebe es keine signifikanten Unterschiede, andererseits Verbesserungen aber auch Verschlechterungen der Lernergebnisse. (Schnettler et al., 2007, S. 15–16)

2.2 Der Einfluss auf die Darstellung von Inhalten

Den Einstieg in die Erstellung der Folien hält PowerPoint recht einfach und benutzerfreundlich, da das Programm eine Reihe an vorformulierten Gestaltungsmöglichkeiten und Designformaten anbietet.

Die Möglichkeit der Nutzung des Auto-Inhalt-Assistenten leitet zum Beispiel den unerfahrenen PowerPoint-User durch die Erstellung seiner Präsentation. Vorkenntnisse sind daher nicht zwingend erforderlich. Allerdings beeinflusst der Auto-Inhalt-Assistent den Nutzer sehr stark in seiner Vorgehensweise beim Erstellen der Folien, da PowerPoint jeden einzelnen Schritt vorschreibt und bspw. das Verwenden des Spiegelstrichverfahrens, das sogenannte „Bulleting", nahelegt. (Adams, 2008, S. 10) Resultierend daraus verlieren auf diese Weise erstellte Präsentationen ein gewisses Maß an Individualität, da sich viele Präsentationen in ihrer Art sehr ähneln. (Adams, 2008, S. 11–12)

Individuell erstellte Folien über das angebotene Muster hinaus, setzen ein gewisses Knowhow im Umgang mit der Software voraus und sind aufwendiger und zeitintensiver. (Adams, 2008, S. 12)

Egal welcher Einstieg bei der Erstellung einer PowerPoint-Präsentation gewählt wird, die Qualität einer Präsentation hängt maßgeblich von der Gestaltung der einzelnen Folien ab. Wählt der Präsentator eine geeignete gut leserliche Schriftart und Schriftgröße sowie einen möglichst homogenen Hintergrund, welche das Lesen erleichtern, wirkt sich dies positiv auf die Präsentation aus. Farbliche Gestaltung und Animations- und Einblendeffekte heben inhaltlich relevante Wörter hervor und lenken die Aufmerksamkeit des Zuhörers auf den Fokus. Allerdings wird diese Wirkung verfehlt, wenn zu viele dieser Effekte genutzt werden, da sich Wichtiges nicht mehr von weniger Wichtigem unterscheiden lässt. (Schneider, 2015, S. 95–96)

Themen, die auf Daten und Fakten basieren, eignen sich besser für die Darstellung mithilfe von PowerPoint als komplexe Kontexte, da sie sich eher z.B. mit der vorgeschlagenen Spiegelstrichmethode übersichtlich aufbereiten lassen. (Schnettler et al., 2007, S. 15)

Lediglich ein paar Schlüsselbegriffe je Folie haben den Effekt, dass sie sich besser einprägen und somit positiv auf den Vortrag auswirken (Schneider, 2015, S. 94), da Sachverhalte präzise und vereinfacht dargestellt werden und bei der Vermittlung einer Kernbotschaft unterstützen. (Adams, 2008, S. 25–26)

Doch reicht eine solch vereinfachte Darstellung in allen Bereichen, die mit PowerPoint arbeiten, aus? Harte Kritik übt der US-amerikanische Informationswissenschaftler Edward Tufte, der die Verwendung von PowerPoint für den Absturz des Spaceshuttles „Columbia" im Jahr 2003 in der Verantwortung sieht, da PowerPoint Vorträge verflache, die nötige Komplexität nehme und damit die Menschen verdumme. Das begrenzte Format von PowerPoint sei ursächlich an den Fehlentscheidungen beteiligt gewesen, die zum Absturz der Raumfähre führten. (Schnettler et al., 2007, S. 17–18) Laut Schnettler beklagen weitere Kritiker „eine kommunikative Verarmung (Nunberg 1999, Clarke 2001), die visuelle Effekte an Stelle von argumentativer Überzeugungskraft setze (Gates 2002)". Andere Autoren werfen der Präsentationssoftware „systematischen Manipulation unseres Denkens (Parker 2001)" vor, da PowerPoint die Vorgehensweise vorschreibe. Dieser Wandel der Kommunikation könne sich nachteilig auf die Entscheidungsfindung auswirken und in besonderen Fällen weit reichende negative Konsequenzen haben. (Schnettler et al., 2007, S. 17)

Werden zusammenhängende Inhalte bspw. aufgrund ihrer Komplexität und vieler Details auf mehreren Folien hintereinander verteilt dargestellt, kann dies zu einer Unterbrechung des Präsentationsflusses führen, welches sich negativ auf die Aufmerksamkeit und Arbeitsgedächtniskapazität der Zuhörer auswirken kann, da der inhaltsbezogene Denkfluss gleichermaßen, wie der Präsentationsfluss, unterbrochen wird. Der mögliche Lernerfolg sei dadurch gefährdet. (Schneider, 2015, S. 98)

Doch auch wenn komplexere Kontexte nur bedingt dargestellt werden können, so hat der Präsentator zumindest die Möglichkeit, das Interesse seiner Zuhörer für eine bestimmte Sache zu wecken, indem bspw. Bildausschnitte oder provozierende Bilder und Techniken gezeigt werden und sich daraus ein anschließender Dialog oder eine Diskussion ergeben kann. (Adams, 2008, S. 25)

Ganze Sätze oder Halbsätze in der Foliendarstellung, verleiten die Zuhörer während der Präsentation dazu, von den mündlichen Erklärungen abgelenkt zu sein. Lange Texte sind ermüdend, was sich negativ auf die Präsentation auswirkt. (Schneider, 2015, S. 94)

Es besteht die Gefahr, dass wichtige Punkte in einer Masse von Informationen und Unterpunkten untergehen, die jedoch von essenzieller Bedeutung sind, wenn Informationen in immer kleinere Einheiten und Unterpunkte zerlegt werden und man dadurch die bedeutenden Punkte nicht mehr von unbedeutenden Punkten unterscheiden kann. (Adams, 2008, S. 26–27)

Vergleicht man PowerPoint mit anderen Präsentationsmedien wie dem Overheadprojektor oder dem Flipchart, so bietet PowerPoint die besseren Visualisierungsmöglichkeiten. Auch nachträgliche Änderungen oder Korrekturen gestalten sich bei PowerPoint sehr schnell und einfach bis kurz vor der Präsentation, was bei den anderen genannten Präsentationsmedien viel aufwendiger, bis gar nicht möglich ist. (Schneider, 2015, S. 100–101)

2.3 Der Einfluss auf die Kommunikation zwischen Präsentator und Publikum

Eine PowerPoint gestützte Präsentation soll den mündlichen Vortrag durch Projizieren von Bildern und Texten unterstützen. „The Power to point" also die Macht des Zeigens ist die Intention von PowerPoint. Dies kann zulasten der Konversation gehen, da überwiegend eine einseitige Kommunikation durch den Präsentator zu seinen Zuhörern stattfindet. (Adams, 2008, 17, 21-22)

Gerade aber bei komplexen Themen, die eine höhere Konzentration fordern, rückt der Inhalt der Präsentation in den Fokus der Zuhörer. Dabei unterstützen die Folien der PowerPoint-Präsentation den Denkprozess. Ähnlich wie bei einem Film mit Untertitel mag es anfänglich schwierig sein die doppelte Aufgabe vom Folgen des Filmes und parallel dem Lesen des Untertitels zu bewältigen. Später, nach einer Gewöhnung, wird der Film als Ganzes wahrgenommen. Gleiches passiert bei einem PowerPoint gestützten Vortrag. Allerdings hängt dies vom Können des Vortragenden und der Aufnahmeleistung der Zuhörer ab. Für ungeübte Zuhörer stellt dies oft ein Problem dar. (Adams, 2008, S. 23)

Passt das Gesprochene nicht zum Inhalt der darstellten Folien, so kann dies zu Verwirrung beim Publikum führen. Der Zuhörer versucht seine Aufmerksamkeit sowohl den Folien als auch dem Vortragendem zu widmen. Konzentriert er sich schließlich auf das Gesprochene, so wird er durch die dissonanten Bilder immer wieder abgelenkt. (Adams, 2008, S. 22–23)

Diverse Studien von Adesope und Nesbit aus dem Jahr 2002 ergaben, dass eine Kombination von gesprochener und geschriebener Sprache, also einem Vortrag kombiniert mit Präsentationsfolien, welche Schlüsselbegriffe enthalten, deutlich effektiver für den Lernerfolg bei Erwerb von Faktenwissen oder praktischer Fähigkeiten seien als ein rein mündlicher Vortrag. (Schneider, 2015, S. 93–94)

Mögliche Interaktionen des Publikums machen es notwendig, die Präsentation vorab präzise zu planen, damit der Präsentator bei Einwenden der Zuhörer improvisieren und reagieren kann. Aber eine noch so gut durchdacht konstruierte PowerPoint-Präsentation kann nicht ohne Weiteres auf unerwartete Fragen angepasst werden. (Adams, 2008, S. 24–25)

Während die Zuhörer bei rein mündlichen Vorträgen selbst mitschreiben müssen, worunter die Aufmerksamkeit unter Umständen leidet, ist das präzise Folgen der Präsentation durch das Aushändigen von vorgefertigten Handouts gewährleistet. (Schneider, 2015, S. 99)

Auch ein nachträgliches zur Verfügung stellen der Präsentationsfolien macht eine Mitschrift überflüssig bzw. nachrangig, sodass sich das Publikum intensiv auf den Inhalt des Vortrages konzentrieren kann. Die Doppelbelastung des Zuhörens und Mitschreibens entfällt. (Adams, 2008, S. 20)

2.4 Fazit

Die Visualisierung von Kernbotschaften steht bei PowerPoint im Vordergrund. Das Programm unterstützt den mündlichen Vortrag und ist benutzerfreundlich aufgebaut, sodass selbst unerfahrene User schnell damit arbeiten können, auch wenn es den Nutzer stark lenkt und in gewisser Weise eine bestimmte Vorgehensweise vorschreibt.

Im Endeffekt sind zwei Wesentliche Punkte entscheidend, ob sich PowerPoint als Präsentationsmedium eignet oder nicht.

Zum einen ist der erfolgsversprechende Einsatz von PowerPoint branchenabhängig, zum anderen hängt die Eignung maßgeblich davon ab, wie die Präsentation im Detail gestaltet und vorgetragen wird.

Im Kreis von Studierenden jedoch wird PowerPoint zunehmend als Präsentationsmedium erwartet, obwohl kein wissenschaftlicher Nachweis einer positiven oder negativen Effizienz und Effektivität existiert.

3. Aufgabe

Seit Jahrtausenden befasst sich die Menschheit mit der Frage, was Zeit ist. Wissenschaftlern und Denkern scheint es ein grundlegendes Bedürfnis zu sein, dies zu ergründen. (Arenberg, 2018b, S. 70)

Nach der Definition ist Zeit ein kontinuierliches Fortschreiten, welches untrennbar mit Veränderungen verbunden ist. Sie gliedert Vergangenheit, Gegenwart und Zukunft. Zeit ist unwiederbringlich und jedem Menschen steht die gleiche Zeit zur Verfügung. (Arenberg, 2018b, S. 69; May, 2015, S. 67)

„Zeit ist ein wertvolles Gut, weil sie weder käuflich erworben, angespart oder vermehrt werden kann." (Herrmann & Wetzel, 2018, S. 181)

Umso wichtiger scheint es, sich bewusst zu machen, wofür man die Zeit verwendet. (May, 2015, S. 67)

Unterschiedliche wissenschaftliche Perspektiven auf Zeit aus den Sichten der Naturwissenschaften, der Ökonomie, der Soziologie, der Psychologie und der Chronobiologie ergeben verschiedene Vorstellungen zu dem Thema Zeit. (Arenberg, 2018b, S. 70–71)

Während aus naturwissenschaftlicher Sicht lt. Morgenroth aufgrund der Ansätze von Isaac Newton zur absoluten Zeit und die relativitätstheoretischen Erkenntnisse von Albert Einstein, Zeit objektiv messbar ist, untersucht die Ökonomie monetäre Aspekte sowie Be- und Auslastungen im Zeitkontext. Mittels Ressourcen wie Arbeitsleistung oder Erfolgskennzahlen wird versucht Zusammenhänge oder Abhängigkeiten aufzuzeigen. In der Soziologie wird Zeit lt. Dimbath als sozial konstruiert verstanden. Diese befasst sich mit Entstehungsbedingungen von Zeit z.B. auch im Rahmen von Lebenslauf- und Biografieforschung. Die Psychologie wiederum beschäftigt sich mit der subjektiven Wahrnehmung von Zeit, dem Zeiterleben, dem Zeitbewusstsein und dem Lebenstempo. (Arenberg, 2018b, S. 71) Die Chronobiologie thematisiert Veränderungen im Organismus in Abhängigkeit der Zeit, welche oft zyklisch und wiederkehrend sind. In der Alltagssprache setzt man dies oft gleich mit der inneren Uhr oder einem inneren Takt. (Arenberg, 2018b, S. 71–72)

Dass es eine innere Uhr und unterschiedliche innere Rhythmen sowohl beim Menschen als auch beim Tier gibt, gibt Hinz umfassend wieder.

Wichtige Grundlagen zum zirkadianen Rhythmus, welcher den Schlaf-Wach-Rhythmus und die Ausschüttung von Hormonen steuert, sowie den Blutdruck und die Körpertemperatur beeinflusst, konnten Jeffrey C. Hall, Michael Rosbach und Michael W. Young entdecken.

Demnach wurde festgestellt, dass Menschen, die nicht in Übereinstimmung mit ihrer inneren Uhr leben, einem höheren Risiko für Schlafstörungen, neurodegernerative Erkrankungen und metabolischen Störungen ausgesetzt sind. (Arenberg, 2018b, S. 72)

Interindividuelle Unterschiede der innen Uhr nennt man Chronotypen. Diese sind ein biologisches Merkmal. Sie werden von den Genen, dem Alter, dem Geschlecht und der Lichtexposition beeinflusst und können bis zu 12 Stunden voneinander abweichen. Je nach Chronotyp (Feststellung des Typs erfolgt über den Fragebogen zum Chronotyp (D-MEQ) unter http://www.ifado.de/fragebogen-zum-chronotyp-d-meq) ergeben sich individuelle zeitliche Unterschiede in der Leistungsfähigkeit. (Arenberg, 2018b, S. 72–73)

Abweichungen zwischen der inneren Uhr und vorgegebener Uhrzeiten, wie der Arbeitsbeginn und Termine, führen zu Problemen wie verringerte Schlafqualität und Depressionen, was wiederum nachweislich zu schlechteren Leistungen führt. Man bezeichnet dies als sozialen Jetlag.

Kompensiert werden diese Defizite oft über Hilfsmittel wie Koffeinzufuhr und Schlafmittel. Aber auch dies kann langfristig zu gesundheitlichen Schäden und Symptomen wie Depression und Abhängigkeit führen. (Arenberg, 2018b, S. 73)

Die soziale Beschleunigung, wie der Soziologe Hartmut Rosar (2017) die Erhöhung des Lebenstempos der letzten Jahrzehnte nennt, stelle das Grundprinzip unserer Gesellschaft dar, dem sich keiner entziehen kann. (Arenberg, 2018b, S. 80)

Ein erhöhtes Lebenstempo kann zu Zeitknappheit führen, welche von vielen Individuen im Alltag empfunden wird, daher wird freie Zeit als sehr wertvoll betrachtet. Allerdings ist die Wahrnehmung von Zeit individuell und ist maßgeblich durch die Dauer, Schnelligkeit und der Aufeinanderfolge von Ereignissen geprägt. (Herrmann & Wetzel, 2018, S. 182)

Hieraus kann auch Zeitdruck entstehen. Zeitdruck schränkt die Menschen einerseits in ihrer Freiheit ein, andererseits stellt sie einen Rahmen dar, der ihnen Orientierung gibt. (Frey, 2017, S. 102) Zeitdruck in Maßen kann sich bewiesenermaßen positiv auf die Kreativität auswirken, wie eine Studie von Baer und Oldham 2006 ergab, nach der die kreative Leistung bei sozialer

Unterstützung und persönlicher Offenheit bei mittlerem Zeitdruck am höchsten ausfiel. Bei Personen, die eine geringe soziale Unterstützung erhielten, sank die Kreativität jedoch kontinuierlich bei steigendem Zeitdruck. Aber auch die positiven Folgen des mittleren Zeitdrucks können bei zu hohem Zeitdruck sehr schnell ins Negative umschlagen. Resultierend daraus können Leistungseinbußen, Stress, Entscheidungsfehler und suboptimale Lösungen sein. (Frey, 2017, S. 104–106)

Zeitmanagementmethoden können dabei helfen, den Zeitdruck zu verringern, auszugleichen oder zu verhindern. (Frey, 2017, S. 107)

Interessant ist auch Levines Gedanke zum Zusammenhang von Zeit und Macht. Er stellte Regeln unter anderem wie „Zeit ist Geld." und „Der Status bestimmt wer wartet." auf. (Arenberg, 2018b, S. 82)

Von ebenso besonderer Wichtigkeit ist das Zeitbewusstsein. Nach dem Modell von Plattner besteht es aus den drei Komponenten Zeiterleben, Umgang mit der Zeit und Zeitperspektive.

Das Zeiterleben stellt das subjektive Erleben von Zeit im Alltag dar. Dabei ist das Empfinden der Geschwindigkeit von Zeit je nach Situation von Einflussfaktoren wie dem Lebensalter, der Persönlichkeit, begleitenden Emotionen sowie Kognitionen, der Körpertemperatur und dem Stoffwechsel, psychopathologischer Status, Psychopharmaka und Drogen, der Stimmung und Aktivität abhängig. Je nach Einflussfaktor können Gefühle wie bspw. Zeitdruck oder Langeweile entstehen. Kennzeichnend für den Umgang mit Zeit ist das Planen von Tätigkeiten in der verfügbaren Zeit. (Arenberg, 2018b, S. 74)

Die Zeitperspektive ist eine Orientierung der Menschen an der Vergangenheit, der Gegenwart und der Zukunft. Persönliche und gesellschaftliche Erfahrungen beeinflussen dabei die Orientierung. Menschen nutzen Zeitperspektiven, um Erlebnisse in zeitliche Kategorien einzuordnen, wodurch sie einen Sinn und eine Struktur erhalten. (Arenberg, 2018b, S. 77; Konowalczyk, 2017, S. 70–72)

Zimbardo und Boyd unterscheiden dabei sechs unterschiedliche Zeitperspektiven innerhalb der drei Zeitdimensionen, die mit Hilfe eines Fragebogens, dem Zimbardo Time Perspective Inventory (ZTPI; Zimbardo & Boyd, 1999), gemessen werden können: (Konowalczyk, 2017, S. 80)

> vergangenheitsorientierte Zeitperspektiven

- o positive Vergangenheit: positive Sicht auf die Vergangenheit aufgrund positiver Erlebnisse
- o negative Vergangenheit: negative Sicht auf die Vergangenheit wegen Entscheidungen oder Verlusten, die als schmerzlich empfunden werden

> Gegenwartsorientierung

- o hedonistische Gegenwart: Menschen, die im Hier und Jetzt leben und abenteuerlustig bzw. risikobereit sind.
- o fatalistische Gegenwart: hilflose, verzweifelte Menschen ohne Ausweg

> Zukunftsorientierung

- o Zukunft: Menschen, die Aufgaben und Handlungen im Hinblick auf ihre Ziele planen.
- o transzendentale Zukunft: esoterische und religiöse Perspektive auf die Zukunft (Arenberg, 2018b, S. 77–78)

Zimbardo und Boyd empfehlen eine ausgeglichene Zeitperspektive, die insgesamt positiv gewichtet sein sollte. Dabei schafft eine positive Vergangenheitsorientierung Kontinuität im Leben, Zukunft gibt Hoffnung und eine hedonistische Gegenwart motiviert und schafft Lebensfreude. (Arenberg, 2018b, S. 78; Konowalczyk, 2017, S. 78)

Im Laufe unseres Lebens findet ein Wandel in Bezug auf die Zeitorientierung statt. Kinder und Jugendliche leben in der hedonistischen Gegenwart. Sie beziehen sich auf das Hier und Jetzt und orientieren sich eher an der Zukunft. Erwachsene Menschen ab dem 40. Lebensjahr sind eher zukunftsorientiert. Sie richten sich nach der noch verbleibenden Lebenszeit, weil ihr Realitätsbezug mit dem Alter mehr zunimmt. (Arenberg, 2018b, S. 79)

Diesen Wandel bezeichnet man als Optimismus-Realismus-Debatten. Dabei stehen sich zwei psychologische Theorierichtungen gegenüber, die eine positive Persönlichkeitsentwicklung erwarten:

> in der empirischen Psychologie durch optimistische Zukunftserwartungen

> in der humanistischen Psychologie durch eine realistische Einschätzung der Zukunft.

Positive Zukunftsphantasien werden in Zukunftsdenken, Erwartungsurteile und freie Zukunftsphantasien unterschieden. Positive Zukunftsphantasien können Motivation auslösen, wenn man sich mit den möglichen Schwierigkeiten befasst. Sind die Zukunftsphantasien jedoch illusionär, wirkt sich dies negativ auf die Persönlichkeitsentwicklung aus. Wohingegen optimistische Erwartungsurteile eine Persönlichkeitsentwicklung stützen. (Arenberg, 2018b, S. 79)

Das Aufschieben von unangenehmen Aufgaben ist eine allgemeine Verhaltenstendenz und kommt bei etwa der Hälfte der Studenten vor. Aber auch andere Personenkreise schieben gewisse Tätigkeiten vor sich her. Man spricht von der sogenannten "Aufschieberitis".

Eine chronische pathologische Aufschieberitis, welche therapeutisch behandelt werden kann, nennt man Prokrastination. Dabei ist Prokrastination ein allgegenwärtiger Fehler in der Selbstregulierung, der sich durch das Verzögern negativ auf die Leistungen und die psychische Gesundheit auswirkt.

Folgen von Prokrastination können unter anderem schlechtere Noten und nicht erreichte Bildungsziele sein, Belastungen zwischenmenschlicher Beziehungen und Beeinträchtigung des Wohlbefindens durch Stress, Schlafstörungen, vermindertes Selbstwertgefühl und Depressionen. (Arenberg, 2018b, S. 82–83)

Eine Fernstudentin, die neben dem Studium arbeitet und eine Familie mit zwei Kindern hat, ist einer starken Mehrfachbelastung ausgesetzt. Hohe Anforderungen im Beruf, die Erwartung der Familie rund um die Uhr verfügbar zu sein und nebenbei das Studium erfolgreich zu bewältigen, können schnell überfordern, wenn man versucht allem gerecht zu werden und dabei die eigenen Bedürfnisse nicht vernachlässigen möchte. Diese Anforderungen stehen im Konflikt zueinander und können zu übermäßigem Zeitdruck und Stress ausarten. Steigende Fehlerquoten, schlechte Laune oder Erkrankungen wie Depressionen, die Enttäuschung der Familie und des persönlichen Umfeldes oder nicht erreichte Ziele können die Folgen sein.

Außerdem neigen Studenten oft zu Aufschieberitis, was den Konflikt noch mehr bestärkt. Stress hängt von der persönlichen Wahrnehmung ab. Wenn man sich dies bewusst macht, so kann man Stresssituationen aktiv entgegenwirken. Das macht Stress veränderbar. Wenn man hinterfragt, welche verfügbaren körperlichen, physiologischen, sozialen oder materiellen Ressourcen verfügbar sind und diese nutzt, so kann dies helfen den Schaden für das eigene Wohlbefinden im besten Fall zu vermeiden oder zumindest auszugleichen oder möglichst gering zu halten. Die Studentin lernt so über sich selbst und wie sie ihre Ressourcen gezielt einsetzen kann. (Rusch, 2014, S. 5–7)

Bspw. kann man den Partner mit einbinden, der die Kinder betreut, während sich die Studentin ihrem Studium widmet.

Störfaktoren, die uns Zeit nehmen, nennt man oft Zeitdiebe. Dabei wird zwischen den Zeitdieben "von außen", also von Dritten, und den "inneren", nämlich die eigenen Störfaktoren, unterschieden. Überwiegend sind es die eigenen Störfaktoren, z.B. Aufschieberitis, die uns die Zeit nehmen. Dies muss man sich eingestehen, um etwas daran zu ändern. (May, 2015, S. 72)

Macht sich die Studentin ihre persönlichen zeitfressenden Störfaktoren bewusst, so kann sie diese eliminieren und die neu gewonnene Zeit effektiver nutzen. Ein strukturierter Tages- oder Wochenplan mit realen Zielen und ausreichend Pufferzeiten gestalten das eigene Arbeits- bzw. Freizeitverhalten stressfreier und effektiver. (Rusch, 2014, S. 121) Dabei sollte die Studentin darauf achten, dass sie ihre Ziele stets im Auge hat, zukunftsorientiert ist und die Erreichung ihrer Ziele regelmäßig kontrolliert. Auch die Beachtung des individuellen Chronotypen können leistungsfördernd für die Studentin sein. Ist sie bspw. ein Morgenmensch, so wird sie eher davon profitieren, sich an einem Samstagsmorgen dem Studium zu widmen, wenn die Familie noch schläft, als am Abend, wenn sie schon ausgepowert vom Tag ist. Ein Fernstudium bringt dabei die besten Voraussetzungen für eine berufstätige Studentin mit, die nebenbei noch Mutter und Ehefrau ist, da man sich die Zeiten flexibel einteilen kann.

Doch auch gewisser Zeitdruck kann zu besseren Leistungen führen. Allerdings ist es ein schmaler Grat zwischen Forderung und Überforderung, sodass man das Maß des Zeitdrucks besser nicht überspannen sollte.

Gerade aus diesem Grund ist es umso wichtiger für die Studentin einen Ausgleich zu haben. Dabei gibt es unzählige Möglichkeiten zur Selbsthilfe. Diese sind neben Sport und gesunder Ernährung auch die Anwendung der Zeitmanagementmethoden sowie Entspannungs- und Achtsamkeitsübungen. (Rusch, 2014, S. 8–9)

Selbstverständlich schafft auch Zeit mit der Familie und Freunden Ausgleich und sollten daher nicht zu kurz kommen.

Literaturverzeichnis

Adams, C. (2008). PowerPoint, Denkgewohnheiten, Unterrichtskultur. Zugriff am 25.04.2021. Verfügbar unter: https://www.pedocs.de/volltexte/2012/1095/pdf/ErzWiss_2008_36_Adams_P owerPoint_Denkgewohnheiten_D_A.pdf

Arenberg, P. (2018a). *Studienbrief SRH Fernhochschule Selbst- und Zeitmanagement.*

Arenberg, P. (2018b). *Studienbrief SRH Fernhochschule Selbst- und Zeitmanagement.* Titel Nr. 1410-01. Zugriff am 04.06.2021. Verfügbar unter: https://fhsr.sharepoint.com/sites/files/content/material/1410/1410_INT.pdf

Baus, L. (2015). *Selbstmanagement. Die Arbeit ist ein ewiger Fluss : gelassener arbeiten und besser leben.* Wiesbaden: Springer Gabler. Zugriff am 09.05.2021. Verfügbar unter: https://link.springer.com/content/pdf/10.1007%2F978-3-658-09593-2_9.pdf

Becker, J. H. (2018). Selbst- und Zeitmanagement. In J. H. Becker (Hrsg.), *Praxishandbuch berufliche Schlüsselkompetenzen* (S. 113–124). Berlin, Heidelberg: Springer Berlin Heidelberg. https://doi.org/10.1007/978-3-662-54925-4_13

Dzifa. (2018). Internet-Seiten. Zugriff am 09.05.2021. Verfügbar unter: https://www.th-nuernberg.de/fileadmin/abteilungen/sll/Dokumente/Schreibzentrum/Handouts /SMART-Ziele_Stand_22.11.18_Handout.pdf

Fieger, J. & Fieger, K. T. (2018). *Führung ist erlernbar. Mit Struktur zur erfolgreichen Führungskraft.* Wiesbaden: Springer Gabler. Zugriff am 09.05.2021. Verfügbar unter: https://link.springer.com/content/pdf/10.1007%2F978-3-658-22197-3.pdf

Frey, D. (2017). *Psychologie der Sprichwörter. Weiß die Wissenschaft mehr als Oma?* Berlin, Heidelberg: Springer. Zugriff am 04.06.2021. Verfügbar unter: https://link.springer.com/content/pdf/10.1007%2F978-3-662-50381-2.pdf

Fuhrmann, B. (2018). *Stark führen. Aktivierend, effizient und wirkungsvoll agieren.* Wiesbaden: Springer Gabler. https://doi.org/10.1007/978-3-658-16606-9

Graf, A. (2019). Modell der Selbstmanagementkompetenz. In A. Graf (Hrsg.), *Selbstmanagementkompetenz in Organisationen stärken. Leistung, Wohlbefinden und Balance als Herausforderung* (uniscope, 2., überarbeitete und erweiterte Auflage, S. 59–70). Wiesbaden, Germany: Springer Gabler. https://doi.org/10.1007/978-3-658-22866-8_4

Handbuch Angewandte Psychologie für Führungskräfte. Fhrungskompetenz und Führungswissen. (2018) (5. Auflage) [Place of publication not identified]: Springer.

Herrmann, H.-P. & Wetzel, P. (2018). Das Zeiterleben im Urlaub. In H.-P. Herrmann & P. Wetzel (Hrsg.), *Fernweh und Reiselust - Streifzüge durch die Tourismuspsychologie* (S. 181–184). Berlin, Heidelberg: Springer. https://doi.org/10.1007/978-3-662-56502-5_35

Konowalczyk, S. (2017). *Zeitperspektiven von Jugendlichen. Pädagogische Grundlagen und empirische Befunde im Kontext des Sports* (Bildung und Sport, v.11). Wiesbaden: Springer Fachmedien Wiesbaden. https://doi.org/10.1007/978-3-658-16929-9

May, S. (2015). *Praxishandbuch Chefentlastung. Der Leitfaden für effizientes Zeitmanagement, Selbstmanagement und Informationsmanagement im Office* (2. Aufl.). Wiesbaden: Springer Gabler. https://doi.org/10.1007/978-3-8349-4697-3

McKeever, N. Weniger Stress durch die richtige Organisation. In *Chefsache Assistenz*. Springer. https://doi.org/10.1007/978-3-658-23490-4_8

Rusch, S. (2014). Stress Management. In M. Leung, C. L. Cooper & I. Y. S. Chan (Eds.), *Stress Management in the Construction Industry* (S. 1–193). Hoboken: Wiley. https://doi.org/10.1002/9781118456361.ch6

Rusch, S. (2019). Zeitmanagement. In S. Rusch (Hrsg.), *Stressmanagement. Ein Arbeitsbuch für die Aus-, Fort- und Weiterbildung* (2. Auflage, S. 113–123). Berlin: Springer. https://doi.org/10.1007/978-3-662-59436-0_13

Schneider, M. (Hrsg.). (2015). *Gute Hochschullehre: Eine evidenzbasierte Orientierungshilfe. Eine evidenzbasierte Orientierungshilfe : wie man Vorlesungen, Seminare und Projekte effektiv gestaltet.* Berlin: Springer Berlin Heidelberg. Zugriff am 25.04.2021. Verfügbar unter: https://link.springer.com/content/pdf/10.1007%2F978-3-662-45062-8_5.pdf

Schnettler, B., Knoblauch, H. & Pötzsch, F. S. (2007). Microsoft Word - Schnettler & Knoblauch Präsentationen.doc. Zugriff am 25.04.2021. Verfügbar unter: https://www.halem-verlag.de/wp-content/uploads/2007/08/9783744500296_le.pdf